GERMAINS
SLAVES
Hallstatt
SCYTHES
GÈTES
ILLYRIENS
ÉTRUSQUES
Rome
ITALIQUES
THRACES
MER NOIRE
Byzance
GALATES
Delphes
Athènes
MER MÉDITERRANÉE

Éditeur : Sandra Berthe
Directeur de collection : Pierre Miquel

Auteurs :
Textes originaux de Louis-René Nougier, adaptés par Yves Cohat
Vercingétorix : Jacques Marseille

Illustrations originales : Pierre Brochard
Conception graphique : François Lemaire

Nous remercions :
Achille Etna, Claire Hostalier, Anne-Laure Estèves, Agathe Roger

Crédits iconographiques et littéraires

p. 51 à 59 : *Vercingétorix*, Jacques Marseille, collection « Histoire Juniors », © Hachette Éducation, 1990.
p. 51 : citation sur Vercingétorix, *La Guerre des Gaules* (livre VII, chap. 29), Jules César.

Cartographie, © Miss ;
p. 51 : « L'appel de Vercingétorix, les Gaulois prennent les armes », *L'Histoire de France en images*, © photothèque Hachette ;
p. 52 : soldat gaulois, © photothèque Hachette ;
p. 53 : « Un druide instruit Vercingétorix », *L'Histoire de France en images*, © photothèque Hachette ;
p. 55 : « Vercingétorix haranguant les Gaulois pour lutter contre les Romains », *Histoire de France*, Armand Colin, © photothèque Hachette ;
p. 56 : chef gaulois avant la conquête romaine, © photothèque Hachette ;
p. 57 : cavalier gaulois après l'invasion romaine, © photothèque Hachette ;
p. 58 : siège d'Alésia, © photothèque Hachette ;
p. 59 : Vercingétorix se rend à César, aquarelle de J.-L. Beuzon, © photothèque Hachette.

ISBN : 2-01292-023-3
Imprimé en Italie par Deaprinting
Dépôt légal : 74273 – août 2006 – Édition 01
EAN : 978-201292023-1
Loi n° 49-956 du 16 juillet 1949 sur les publications destinées à la jeunesse

LA VIE PRIVÉE DES HOMMES

Collection dirigée par Pierre Miquel, professeur émérite de la Sorbonne

LES GAULOIS

Des invasions celtiques à l'occupation romaine

Textes originaux de Louis-René Nougier
adaptés par Yves Cohat

HACHETTE
Jeunesse

Des conquérants

Pendant plusieurs décennies, au milieu du premier millénaire avant l'ère chrétienne, des populations celtes venues des régions forestières de l'Europe centrale s'installent en Gaule en plusieurs vagues successives.

Cheminant dans de lourds et lents chariots où s'entassent femmes, enfants et vieillards, encadrés par des cavaliers assurant la sécurité du convoi, les peuples celtes déferlent sur l'Europe de l'Ouest, unis par leur langue et par les traits d'une civilisation qui fait leur force.

Ils apportent avec eux un nouveau métal, le fer : ils savent le battre et le façonner pour en faire des tranchants de hache grâce auxquels ils abattent les arbres et taillent le bois ; ils en garnissent aussi le **soc** de leur **araire** en bois pour mieux travailler la terre ; enfin, ils l'utilisent pour fabriquer des poignards, des épées et des **fers de lance** qui sont autant d'armes d'une redoutable efficacité.

Les Celtes recherchent des terres nouvelles pour s'y installer : bâtir des villages, développer quelques cultures, faire paître leurs troupeaux de porcs et de bovins. Leur migration suit les fleuves et les rivières. Ils remontent la vallée du Danube, et vers l'ouest, descendent la Marne. Mais le territoire qui s'appellera la Gaule dans quelques siècles est déjà fortement occupé par des paysans du **Néolithique**. Grâce au fer, les Celtes s'imposent à ceux-ci qui n'utilisent encore que des outils en pierre polie ou parfois des armes en bronze.

Les Celtes restent fidèles aux étranges coutumes funéraires des peuples de paysans qu'ils conquièrent. En guise de sépulture, ceux-ci dressent de grandes pierres couvertes par une dalle, les dolmens, sous lesquelles ils enterrent leurs morts.

On utilise des outils primitifs pour cultiver la terre, ou un araire tiré par une femme et une houe en bois.

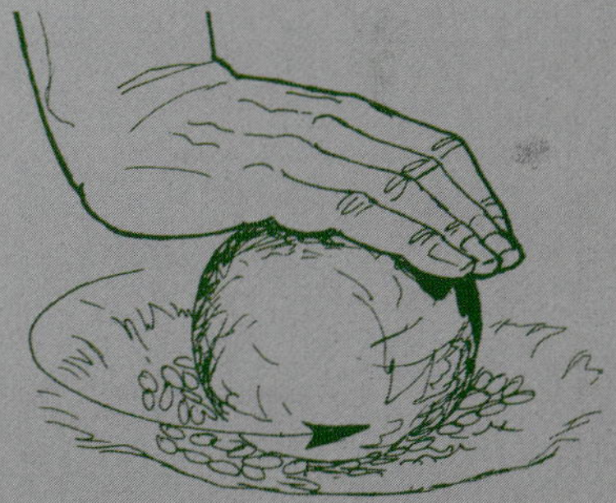

Le blé est moulu avec un simple galet roulé sur un rocher plat.

Avant les Celtes, les populations du Néolithique ont connu bien d'autres envahisseurs qui ont apporté la hache de bronze et le chaudron, 2000 ans av. J.-C.

Chasseurs et éleveurs

Pour les Celtes, chasser devient un plaisir, une sorte de « sport », et non plus seulement un moyen de survivre comme c'était le cas dans les temps préhistoriques. Afin de se procurer de la nourriture, ils pratiquent aussi la pêche et l'élevage d'animaux domestiques.

Le chasseur celte est un cavalier. Sa monture lui permet à la fois d'être plus rapide que le gibier et d'agrandir son territoire de chasse.
Le sanglier, comme le renne ou le bison 10 000 ans plus tôt, est alors le gibier par excellence. Sorte d'animal « universel », il est entièrement exploitable pour les besoins de l'homme. Mais sa force, sa violence, ses ruses en font un adversaire redoutable. D'un coup de **boutoir**, il éventre les chiens qui le poursuivent.
Devant les **défrichements** incessants, le domaine des animaux de la forêt, et en particulier des sangliers, ne cesse de s'amenuiser, et ils se rapprochent des régions habitées. Les paysans dressent des barrières, édifient des murets de pierres sèches ou plantent des haies pour se protéger de leurs **déprédations**. Ces enclos, variables en étendue et dans leur conception, utilisent au mieux les accidents naturels du sol. Certains servent à préserver les cultures, d'autres permettent de parquer et de garder prisonniers les jeunes marcassins capturés vivants. Accoutumés à l'homme qui les nourrit, ils deviennent des porcs. Leur viande, fraîche ou salée, constitue la base de l'alimentation du Gaulois.

Des Gaulois pêchent des saumons avec une foëne munie de 3 pointes métalliques acérées. Leur embarcation, un cadre de bois ceinturé de peaux cousues, ressemble à celle qu'on utilise encore sur le Tigre ou l'Euphrate.

Toute une panoplie d'instruments comme la fronde, l'épieu en bois durci au feu, la lance en fer, le poignard, le couteau, le trident, l'hameçon et le filet, sont utilisés pour chasser ou pêcher.

Les moutons sont trop agiles pour qu'on en confie la garde aux seuls chiens, un berger les accompagne toujours.

Retour traditionnel d'une chasse au gros gibier. Trop lourd pour un seul homme, l'animal est porté dans un filet suspendu à une longue branche. Le premier chasseur tient une lance à la main et porte une hache à la ceinture.

La forêt apprivoisée

La majeure partie de la Gaule est recouverte d'immenses forêts d'arbres feuillus tels que le chêne, l'orme ou le châtaignier. Cueillette, chasse et exploitation du bois constituent une source de richesses inépuisables.

La forêt est exploitée méthodiquement : chasse au cerf et au sanglier mais aussi à l'ours, au bison et à l'**aurochs** ; cueillette des glands et des **faînes**, des châtaignes et des champignons. Enfin, grâce au fer avec lequel les Celtes fabriquent la hache, l'**herminette**, la **gouge**, la scie et bien d'autres outils, chaque saison une masse considérable de bois d'œuvre est abattue. Les artisans la transforment ensuite en toutes sortes d'objets de la vie quotidienne.
Le charpentier et le tonnelier sont, avec le forgeron, les grands acteurs du monde celtique. Ils débitent les troncs, façonnent les pièces de **charpente**, de maisons ou de ponts, ou même de bateaux.
Le charron cercle de fer les roues des chariots, comme le tonnelier les tonneaux, les seaux et les baquets. Les feuillardiers travaillent les écorces souples des châtaigniers ; les charbonniers débitent les taillis pour alimenter les **meules** à charbon de bois, nécessaires pour la fusion du minerai ; les sabotiers creusent des bûches pour les transformer en sabots et galoches ; les menuisiers fabriquent des coffres et des tabourets ; les vanniers tressent les osiers pour les paniers, les ruches ou les coffres des chars.

On fabrique toujours les tonneaux comme le faisaient autrefois les Gaulois. On façonne d'abord les douves du tonneau.

Ensuite le tonnelier courbe les douves à la vapeur, avant de fendre des tiges de châtaignier et de les lier avec de l'osier pour leur donner une forme de cerceau.

Enfin il met en place les douves dans les rainures circulaires qu'il a aménagées dans le fond, les ceinture avec les cerceaux et pose le couvercle pour assujettir l'ensemble.

Avec seulement quelques outils, les Gaulois réalisent aussi bien des louches et des écuelles que des charpentes, des baquets ou des essieux de chariot.

L'agriculture bouleversée

Les Celtes sont de remarquables paysans, de véritables techniciens de la terre. Sans doute ont-ils beaucoup appris au contact des peuples du Néolithique, qui occupaient avant eux les territoires qu'ils ont conquis.

Le paysan celte sait « engraisser la terre par la terre ». Dans un sol calcaire ou trop sableux, il apporte de la marne, des terres argileuses, qui conservent mieux l'humidité et le rendent ainsi plus fertile. Au contraire, quand le sol est lourd et gorgé d'eau, il lui ajoute du calcaire pour l'aérer.
Il dispose aussi d'un outillage performant. Les socs des araires, les houes et les pioches sont en fer, comme aujourd'hui. Les faucilles et les faux sont identiques à celles que l'on trouvait dans nos campagnes il y a à peine un siècle.
Les Celtes inventent même la moissonneuse à roues ! Portée sur un essieu à 2 roues, cette machine est poussée par un mulet encadré d'un double brancard. L'avant est une caisse ouverte, avec des dents effilées à la base. Un homme se place devant l'engin quand il avance pour tenir les tiges des **graminées** droites. Celle-ci vont alors se briser sur les dents, qui séparent la paille des épis.
Avec un tel savoir-faire et des outils aussi élaborés, les rendements s'accroissent. La Gaule devient une grande région productrice de céréales à l'égal de l'Égypte ou de l'Andalousie. Ses blés sont renommés pour leur légèreté et ses farines pour leur blancheur.

Une fois battus et vannés dans le vent, les grains sont conservés dans des silos, de vastes fosses circulaires.

La plupart du temps, on foule le raisin en le piétinant, mais on emploie parfois une presse. Un énorme madrier, actionné par plusieurs hommes, écrase les grappes placées dans une cuve.

Un homme fait fondre des graisses animales pour fabriquer du suif. En le mélangeant à chaud avec de la cendre, il obtiendra une pâte qui, une fois moulée et refroidie, donnera les premiers morceaux de savon.

Grâce à la pointe en fer qui garnit le soc en bois de l'araire, le paysan gaulois peut, malgré la difficulté du travail, labourer des terres lourdes et augmenter la surface de ses champs.

La magie de la forge

La réussite des migrations des peuples celtes repose essentiellement sur l'emploi d'un nouveau métal : le fer. Il s'impose cinq siècles avant notre ère, succédant au silex et au bronze dans la fabrication des outils et des armes.

Le succès du fer est immédiat. Ce minerai abondant, que l'on recueille à la surface du sol ou que l'on extrait de mines souterraines, remplace d'abord le silex, trop cassant et difficile à travailler, qui commence à disparaître vers -1800, puis le bronze, trop mou, de moins en moins utilisé à partir du VIIIe siècle. Le fer convient parfaitement à la fabrication des outils agricoles comme les socs des araires, les haches des défricheurs et les pioches des mineurs. Et il est parfait pour forger les armes redoutables, lances et épées, des **notables** et des chefs. Le forgeron est un personnage magique, une sorte de dieu. Il prend des pierres brunes ou noirâtres, les concasse, les dispose entre des couches de charbon de bois, allume et entretient un ardent brasier pour faire couler des ruisseaux de fer en fusion. Il emprisonne ces mêmes ruisseaux rougeoyants dans des **creusets** en terre pour obtenir enfin, avec adresse, des armes et des outils plus durs, plus tranchants, plus durables que ceux faits de silex, de bronze ou de n'importe quelle autre matière connue à l'époque.

Par une première fonte du minerai la plupart des impuretés sont éliminées et on façonne des « saumons » dont les extrémités effilées facilitent le transport.

Le forgeron puise le métal fondu à l'aide d'une coupelle en terre cuite, à long manche en bois, puis le fait couler dans des moules en pierre.

Le bloc de fer rougeoyant est martelé longuement. La pièce est aussi façonnée progressivement sur l'enclume, sous les coups précis du forgeron.

Pour que la galerie de la mine ne s'écroule pas, les Gaulois l'étayent avec des madriers. Le petit bois fournit le charbon indispensable pour fondre le minerai.

Les compagnons du bois

Le bois est l'une des ressources essentielles de la Gaule, que les Celtes ont appris à travailler. Excellents artisans, ils construisent avec des bateaux pour conquérir la mer. Ils savent aussi l'utiliser afin de dresser des murs solides ou de fabriquer des chariots.

La longue migration des Celtes à travers l'Europe les a conduits à franchir bien des territoires jusqu'à ce qu'ils atteignent la presqu'île armoricaine, le « bout du monde », la fin des terres.

Face à la mer, l'océan Atlantique leur paraît d'abord aussi mystérieux qu'infranchissable. Mais ils apprennent vite à tirer parti du milieu maritime. Ces hommes, dont les nombreuses activités s'orientent vers le bois et son débitage, deviennent d'excellents constructeurs de bateaux. Dotés de solides embarcations en bois, ils peuvent alors s'approvisionner en étain, en chiens et en esclaves dans les îles Britanniques toutes proches. Le bois est également essentiel dans la technique de défense des places fortes. Il entre dans la construction de simples palissades comme dans celle des murs de retranchement beaucoup plus complexes. Mais c'est dans la fabrication des chariots que les Gaulois excellent. La roue au **bandage** de fer sillonne non seulement l'Europe, mais aussi le pourtour méditerranéen et l'Asie Mineure. Le chariot prend une telle importance que le chef celte, seigneur de la terre, se fait enterrer avec son char, comme le prince viking, seigneur de la mer, se fera enterrer avec son drakkar.

Ce mur, une fois terminé, atteindra 2 km de long. L'épaisseur de la muraille varie entre 5 et 10 m. Elle transforme en place forte l'éperon rocheux sur lequel elle est bâtie.

Le lourd char d'apparat à 4 roues est tiré par un cheval attelé au moyen d'un collier qui lui enserre la gorge.

Les Vénètes de la côte atlantique n'hésitent pas à affronter le mauvais temps. La voile quadrangulaire de leur petit bateau, constituée de peaux et de lanières de cuir cousues, peut résister aux violentes rafales de vent.

Les artisans de la laine et du cuir

Dans le quartier du marché, l'*emporium*, de nombreux artisans exercent les métiers de la laine et du cuir. Vêtements colorés, chaussures de cuir, harnais pour les chevaux : tous ces produits nécessitent le travail d'ouvriers qualifiés.

La tonte des moutons, le filage et le tissage de la laine sont des activités très répandues dans le Nord de la Gaule. Chaque peuple celte possède ses **foulons** et ses tisserands. C'est l'homme qui, traditionnellement, se charge de la tonte des moutons. Il utilise pour cela de curieux instruments composés chacun de 2 lames en fer coupantes, triangulaires et parallèles, reliées entre elles par une lame plus étroite faisant ressort : ce sont des ciseaux, les « forces ». En revanche, le filage et le tissage, des opérations longues et fastidieuses qui se déroulent à l'intérieur des maisons, reviennent à la femme.

Amateurs de vêtements aux couleurs éclatantes, les Celtes excellent dans l'art de la teinture. Ils tirent le violet de l'airelle. La pourpre, couleur si prisée pendant l'Antiquité, s'obtient à partir de la jacinthe ou d'un petit mollusque, le murex.

Le tannage des peaux d'animaux est une industrie en pleine expansion. Le cuir sert à fabriquer des harnais, des **outres**, des tabliers, des ceintures, des chaussures. Il entre également dans la composition des pièces d'armement des guerriers : fourreaux d'épées, selles de cheval, casques et boucliers. Dans la vie domestique, aux champs, à la guerre, le cuir s'emploie pour tout.

Le drapier débarrasse la laine de son suint en la foulant avec de l'argile, à laquelle adhèrent corps gras et impuretés, dans une cuve en bois.

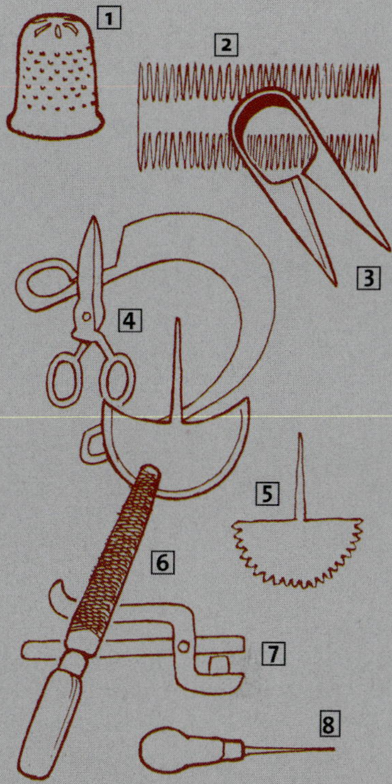

Des outils utilisés par les Gaulois : 1. dé ; 2. peigne à carder ; 3. forces ; 4. ciseaux ; 5. tranchoir pour le cuir ; 6. lime ; 7. emporte-pièce ; 8. poinçon.

Le quartier des teinturiers se reconnaît aux couleurs vives des bacs de teinture et des laines qui sèchent.

Un artisan sellier ajuste sur un cheval la bride qu'il vient de confectionner. Elle est composée de lanières de cuir et d'un filet, le mors.

Poteries et céramique

Les premières poteries gauloises sont réalisées sur des tours de potier. L'argile est façonnée et tournée à la main sur un disque de bois. Puis la technique de la céramique sigillée, importée de Grèce, s'impose. De ce pays, les Gaulois retiennent aussi l'usage de la monnaie.

En Gaule, l'usage du tour se répand à partir du Ve siècle av. J.-C. Grâce à lui, les artisans obtiennent des formes très diverses : vases à pied, vases à bourrelets, etc. Certaines de ces poteries sont décorées de motifs géométriques. Mais cette activité reste artisanale.
Or, on fabrique depuis très longtemps en Grèce une abondante céramique selon une véritable technique industrielle ! Ces objets sont faits d'une pâte pressée dans un moule en terre cuite. Cette céramique, dite « sigillée » car elle porte des décors imprimés comme des sceaux, est d'abord imitée en Italie puis en Gaule. Elle connaît un succès considérable dû à sa pâte solide, à ses décors et à l'éclatant vernis rouge qui la recouvre. Au milieu du Ier siècle, dans un atelier situé non loin de la ville actuelle de Millau, entre 400 et 500 potiers fabriquent des vases de haute qualité, par millions !
Les Gaulois copient également la monnaie qu'emploient les peuples voisins. Au IVe siècle av. J.-C., les Arvernes imitent des pièces d'or grecques. Progressivement, la monnaie atteint toutes les régions de la Gaule du Nord et du Centre : dorénavant, chaque cité bat sa monnaie.

La pâte est pressée à l'intérieur d'un moule. Le potier signe sa production en apposant sur la pâte encore fraîche sa marque distinctive. Recouverte ensuite d'une argile fluide, elle est mise à sécher. La dernière phase, celle de la cuisson, est la plus délicate. Il faut cuire l'objet à 950 °C pendant plus d'une journée.

Les Gaulois sont grands amateurs de verreries. Les femmes conservent leurs onguents dans des flacons colorés et ont des colliers faits de perles en pâte de verre.

Chaque pièce est « frappée », c'est-à-dire imprimée sur une matrice par de violents coups de marteau.

Les premières pièces gauloises s'inspirent des monnaies grecques, décorées de figures de dieu, ou ici d'un char, ou du portrait de Vercingétorix.

Hameaux, bourgs et villages

Même si les maisons isolées ne sont pas rares, le développement agricole des campagnes et la multiplication des petits métiers artisanaux encouragent les Gaulois à se regrouper et à vivre en communauté non loin des champs, des pâturages et de la lisière de la forêt.

Les Celtes sont avant tout des paysans. Les hameaux dispersés dans la campagne regroupent quelques fermes, dont les habitants ne comptent que sur eux-mêmes pour vivre : ils produisent tout ce dont ils ont besoin. D'ailleurs, grâce à l'amélioration des techniques agricoles, les Gaulois ne manquent de rien. L'élevage, aussi bien des chevaux que des oies, des vaches ou des porcs, se développe. Cuirs, peaux et laines sont désormais abondants. La Gaule devient également un pays de fromages nombreux et variés.
Le commerce de village à village ne concerne que quelques produits indispensables, mais pas toujours disponibles sur place, comme le sel ; ou encore des produits de luxe comme les amphores ou les barriques de vin.
Hormis les hameaux, il existe aussi de plus fortes agglomérations, parfois fortifiées : de gros villages qui regroupent plusieurs exploitations agricoles et artisanales, entourées de leurs lopins de terre. Ces bourgs deviennent des centres commerciaux, qui permettent aux fermiers des environs de venir échanger leurs produits sur le marché.

Dans l'Europe du Sud, les Gaulois adoptent la meule rotative, qui a été inventée dès le premier âge du fer, pour broyer les olives et tous les autres fruits.

Récoltés à maturité, les fèves et les pois chiches sont laissés à sécher puis battus avec un fléau (2 gourdins reliés entre eux par une lanière de cuir).

À l'époque celtique, l'Europe connaît un essor rural considérable. Selon les régions, les paysans adoptent différentes façons de construire maisons et villages.

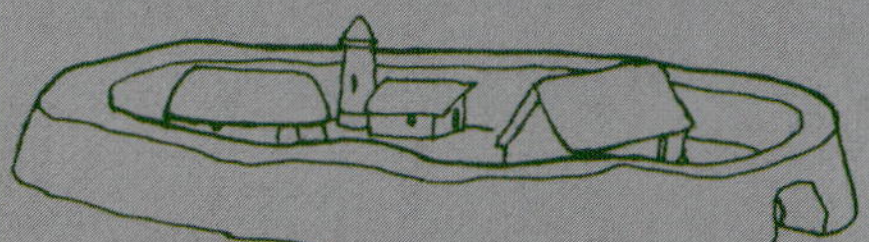

On tire parfaitement parti des porcs, consommés sous forme de quartiers de viande salés ou fumés, de lard, de saindoux et de charcuteries diverses.

Naissance d'une ville dans les Alpes

Dans le massif alpin, c'est à l'intersection des voies commerciales par où transitent minerais et céréales, le plus souvent près de la source d'une rivière associée à quelque dieu guérisseur, que les Celtes bâtissent un modeste sanctuaire, appelé en latin le *fanum*.

Les Gaulois sont friands des produits de la mer qu'ils vont chercher fort loin : thons de Méditerranée, saumons des fleuves se jetant dans l'Atlantique et huîtres des rivages vendéens.

Après avoir vidé le blé dans des alvéoles creusés dans un bloc de pierre, les « mesures », le marchand ôte le bouchon qui retient les grains afin que ceux-ci coulent directement dans le panier de l'acheteuse.

Les voyageurs, marchands, colporteurs et guides, ont l'habitude de s'arrêter sur le *fanum* pour se reposer et échanger des informations. L'endroit devient alors un lieu de rencontre et de commerce ; c'est là que se crée un marché puis un village de **négoce** et de trafics en tout genre. Les dieux du sanctuaire garantissent l'honnêteté des transactions. Les maisons des artisans et des commerçants se pressent les unes contre les autres. Elles sont bâties avec des madriers et des **clayonnages** colmatés avec de l'argile. Un vide entre ces habitations forme une placette, devant le sanctuaire. Les échoppes des marchands et des artisans s'y regroupent. Les paysans, quant à eux, prennent l'habitude d'apporter de la vallée le produit de leur élevage et de leurs cultures. On peut acheter des volailles, des légumes secs, des grains, et même des vaches. Du Danube arrivent des boucles de ceinturons en bronze, d'Italie, des miroirs et des vins. Ainsi, à l'ombre du *fanum*, la ville se développe. Quelques siècles plus tard, la divinité gauloise sera remplacée par un dieu romain, puis le sanctuaire laissera la place à une église chrétienne, au centre d'un grand bourg du Moyen Âge.

Au débouché d'un grand col alpin, tout près d'un *fanum*, s'est constitué un petit centre commercial. En haute montagne les carrioles ou les chariots ne sont pas utilisables. Les marchandises sont transportées à dos d'âne.

Sur les fleuves et les routes

Aux premiers siècles de notre ère, la Gaule est traversée par de nombreuses voies commerciales, tant terrestres que fluviales, qui unissent les régions du Nord de l'Europe à la Méditerranée et à l'Asie Mineure.

Les fleuves sont un merveilleux moyen de transport pour les nombreuses marchandises que les Gaulois exportent ou vont chercher au loin. Sur le Rhône, la Saône et la Seine circulent des péniches transportant des amphores de vin en provenance d'Italie, des Cyclades ou de la région de Narbonne. Depuis Marseille, le Rhône dessert toute la région méditerranéenne. La ville de Nantes, sur la Loire, se développe grâce au commerce de l'étain en provenance de Bretagne ou d'Angleterre. Le bois de chauffe et de construction voyage par **flottage**, en immenses radeaux constitués de troncs à peine **équarris**.

Parallèlement à ces voies fluviales, il existe un important réseau routier. Des centaines de chariots et de chars à bancs vont chercher dans la montagne le minerai de fer, ou rapportent des côtes de la Baltique le précieux **ambre**.

La plupart de ces voies sont parfaitement entretenues. Si une route s'effondre à la suite d'un glissement de terrain, les **fondrières** sont immédiatement comblées avec des madriers : ils forment une chaussée en bois sur laquelle des charrettes lourdement chargées peuvent rouler. De plus, de nombreux ponts permettent aux convois de franchir les cours d'eau même pendant les crues.

Deux bateliers halent une barque chargée de futailles **de chêne par une corde enroulée autour d'un mât très court. Le troisième homme dirige la barque avec un long aviron arrière. Ces bateliers groupés en corporations ne travaillent que sur un seul fleuve.**

Dans les ports à l'embouchure de la Loire sont échangées des marchandises provenant des différentes provinces de la Gaule ainsi que de Cornouailles anglaise et d'Irlande, peuplées par des Celtes depuis le IXe siècle av. J.-C.

Les montagnes et les sommets enneigés n'empêchent pas le commerce et les échanges. C'est à dos de mulets que les marchandises franchissent les cols les plus difficiles.

Ce lourd chariot, tiré par des bœufs, transporte d'énormes barriques de vin provenant du Sud de la Gaule. Les riches habitants des plaines de la Saône, de la Marne ou de la Seine l'apprécient tout particulièrement.

La maison gauloise

Construite en bois le plus souvent, la maison gauloise suit les plans utilisés depuis cinq millénaires environ. Dans cette ferme, toute la famille vit et travaille. Élevage, agriculture, tissage et préparation des aliments sont les nombreuses activités quotidiennes.

De plan rectangulaire, la maison est construite en **rondins** jusqu'au départ du toit. La charpente est faite de poutres, où sont attachés des **chevrons** avec des cordes. La couverture est constituée de branches feuillues et de gerbes de roseaux, ou d'un lit de paille. Le mobilier est simple, composé essentiellement de tables basses et de coffres. Un chaudron est suspendu au-dessus du foyer où mijote une soupe au pain assaisonnée avec du sel et du **saindoux**. Tout près, posés sur le sol en terre battue, la meule rotative, les vases, les récipients à fromage et le plat dans lequel on pétrit la pâte de blé : tous les ustensiles nécessaires aux travaux domestiques quotidiens.

La maison constitue une unité économique fondamentale : c'est le plus souvent une exploitation agricole qui se suffit à elle-même, alliant le travail de la terre, la récolte, la cueillette des baies et des champignons et l'élevage du porc et du gros bétail. Toute la famille y participe. À l'abri des intempéries, c'est aussi là que sur son métier à tisser la femme fabrique les épaisses étoffes de laine qui serviront à fabriquer draps et vêtements.

Pendant qu'un artisan achève de garnir les murs de branchages avec un mélange d'argile et de paille, le couvreur aligne les bottes de paille.

Le charpentier encoche chacune des extrémités des rondins. La coche ainsi obtenue s'ajuste parfaitement dans celle d'un autre rondin.

Une femme sale soigneusement des morceaux de porc pour bien les conserver. Dans des jarres, elle alterne couche de sel et couche de lard. Sa fille enflamme des fagots humides dans la cheminée pour fumer des pièces de viande.

Des objets de la vie quotidienne : des faisselles pour égoutter les fromages, une ruche en osier, des chenets, un seau et une cruche à bière.

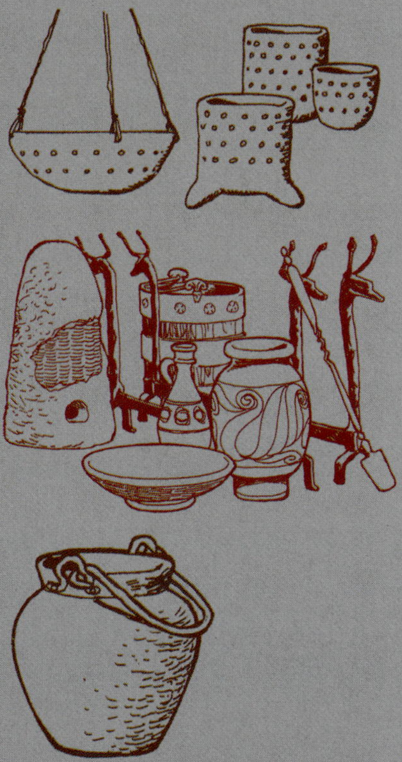

Le Gaulois en famille

La famille celte ne se limite pas au couple. Elle englobe les parents et leurs enfants, les grands-parents, les frères et les sœurs, les cousins. La réunion de plusieurs de ces familles élargies forme un clan (ou tribu) soumis à l'autorité d'un puissant chef politique.

Le chef de famille détient le droit de vie et de mort sur sa femme, ses enfants et ses esclaves. Cependant la femme gauloise peut choisir son mari. Elle reste toute sa vie propriétaire de ses biens et les retrouve en cas de divorce, car le mariage, simple contrat et non cérémonie religieuse, peut être rompu.
À la naissance d'un enfant, on offre aux dieux de petites statuettes en bois, des **ex-voto**. Ces objets sont censés apporter sur le nouveau-né la protection d'une des nombreuses divinités du panthéon celte. Pendant toute leur enfance, c'est-à-dire jusqu'à ce que les filles soient en âge de se marier et que les garçons soient capables de porter les armes, l'univers des jeunes Gaulois se limite au milieu familial.
Les travaux qui touchent au domaine végétal et à la vie domestique sont volontiers laissés aux femmes : elles écrasent le grain, modèlent les céramiques et tissent la laine. Les hommes se réservent les gros travaux agricoles comme les labours et la récolte des céréales, le travail du bois et du métal ainsi que l'élevage des animaux domestiques et toutes les tâches qui s'ensuivent : la tonte des moutons, la traite des vaches, l'abattage des cochons et le découpage de leur viande.

Les Celtes sont des gens élégants. Leurs tuniques droites et à manches sont taillées dans des étoffes aux couleurs vives. Les garçons portent des braies, un pantalon large serré aux chevilles. Hommes et femmes ornent leurs costumes de bijoux.

L'hydromel est fait de miel fondu dans de l'eau bouillante, qui fermente ensuite dans des tonnes.

Les bijoux les plus appréciés sont les torques (des colliers rigides), les longues épingles (les fibules) et les diadèmes.

Au pied des falaises calcaires entourant le Morvan, non loin de Vézelay, les Gaulois exploitent déjà les eaux thermales de « Fontaines salées ». Ils creusent des puits dans le sol qu'ils renforcent par un cuvelage en bois.

Les joies de la table et des jeux

Les banquets gaulois, où nourriture et boisson abondent, sont aussi l'occasion de se vanter auprès des autres convives de ses exploits de chasseur ou de guerrier. Entre deux histoires, des concours d'adresse ou de lutte sont organisés pour se distraire.

Toutes les occasions sont bonnes pour festoyer : retours de chasse, de guerre, ou encore simple escarmouche contre une tribu voisine.
Un banquet réussi ne se conçoit pas sans la présence d'un barde, un poète qui narre les aventures des héros et des dieux. Il accompagne son chant d'une musique produite par une sorte de lyre. Les Celtes tiennent les bardes en grande estime. En Irlande, certains sont même escortés dans leurs déplacements et occupent une place d'honneur à la table du banquet.
La viande la plus estimée est celle du sanglier ou du porc. Chassé à l'épieu, à la lance ou à l'épée, le sanglier se défend souvent avec ardeur et il faut une certaine bravoure pour l'abattre. Il est consommé sous toutes ses formes : salaisons, lard fumé, jambon, pâtés divers, saucisses et boudin. La cuisine se fait au lard et surtout au saindoux. Les montagnards connaissent l'huile de noix, et les riches commerçants des villes consomment l'huile d'olive importée de Grèce par les négociants qui remontent la vallée du Rhône. On fait aussi de la soupe aux herbes avec de l'ortie ou de l'oseille, ou encore avec des lentilles ou des choux.

Au cours des banquets, les meilleurs morceaux du traditionnel rôti de sanglier sont réservés aux plus braves des guerriers.

Les ardeurs combatives tombent la nuit venue. C'est alors le moment des jeux d'adresse, des jongleries, des concours de lancer de poignards et même des tours de prestidigitation.

Pendant les grands festins, après les discussions passionnées, on organise des luttes à mains nues qui sont l'occasion de lancer des défis et de relever quelque pari.

Le boulanger fait un pain léger avec du blé tendre pour les grandes occasions. Les Gaulois mangent d'habitude un pain grossier de seigle, d'avoine ou d'orge.

L'un des moments les plus attendus de la fête est la course de char. Les 3 équipages qui s'affrontent sont tirés par des attelages composés de gros et robustes poneys, souvent importés des îles Britanniques.

Le pouvoir des druides

Les druides sont les intermédiaires entre les dieux et les hommes. Disposant du savoir absolu, ils sont l'égal des grands chefs guerriers, et forment une sorte de « clan » hiérarchisé avec au sommet un dirigeant élu : leur représentant pour toute la Gaule.

Les druides suivent de longues années d'études. Le savoir leur est transmis uniquement par voie orale puisque les Gaulois ignorent longtemps l'écriture, même si certains possèdent quelques notions de grec acquises au contact des négociants venus de la Méditerranée.
En pratiquant la divination, ils interprètent les humeurs et la volonté des dieux. Il existe plus de 400 divinités celtiques : leurs noms changent selon les tribus, mais leurs symboles et leurs fonctions restent identiques. Le plus « universel » s'appelle Teutatès : c'est le dieu unificateur, le défenseur des tribus. La forêt est le centre de la vie religieuse. C'est là que le gui pousse sur le chêne **rouvre.** On le coupe selon un rite minutieux : au sixième jour du premier quartier de la lune, le druide, revêtu de blanc, cueille le gui à l'aide d'une faucille d'or. Viennent ensuite le repas sacré sous l'arbre et les sacrifices, au cours desquels le prêtre immole 2 taureaux blancs.
Les druides ont aussi des fonctions juridiques. Ils arbitrent les conflits, décident des sanctions. Exemptés de l'impôt et du service militaire, ils vont de tribu en tribu, diffusant les récits anciens et transmettant aux hommes la parole des dieux.

Le 1er mai, les Gaulois honorent le dieu Bélénus pour qu'il veille sur les jeunes pousses et sur les animaux qui viennent de naître. Les druides font alors traverser des feux au bétail pour le purifier.

À la fête des moissons on vénère le dieu Lug, symbole de la jeunesse et de la beauté. L'hommage à cette divinité, qui préside à la guerre et au commerce, est une occasion pour les guerriers de mesurer leur force dans des combats singuliers.

Dans la nuit du 31 octobre au 1er novembre se déroule une fête qui marque le début de l'année nouvelle. Tant que durent les ténèbres, les esprits des morts errent et inquiètent les vivants. Rites, sacrifices et danses sacrées doivent les apaiser.

Le culte de la nature

Les Gaulois n'érigent pas d'imposants monuments en l'honneur de leurs dieux, car ceux-ci sont présents partout dans la nature : dans les arbres et les forêts où pousse le gui, symbole de la vie ; dans les sources et les rivières où siègent les déesses de la fertilité.

Un des lieux sacrés les mieux connus se trouve aux sources de la Seine. C'est le royaume de la déesse Sequana, qui a donné son nom au fleuve. Au Ier et au IIe siècle avant notre ère, cet endroit est à la fois un lieu d'offrande aux divinités des eaux, de pèlerinage pour les malades, et un centre artisanal où sont fabriqués en grand nombre des « souvenirs ». Des dizaines d'artisans sculptent sur place, en série, des objets de bois : des têtes, des jambes, des bras, correspondant sans doute à des organes malades. On a ainsi retrouvé une bûche de 70 cm de long dans laquelle sont sculptées 3 têtes, l'une au-dessus de l'autre. Elles sont ainsi préparées pour la vente, et il ne reste plus qu'à les séparer quand un client se présente.
Jetés dans l'eau miraculeuse de la source, ces offrandes sont censées apporter la guérison aux malades. Ceux qui ne peuvent se procurer ces statuettes se contentent d'accrocher aux buissons et aux branches basses des arbres des « diablotins », sortes de petites poupées faites avec des lanières de chiffon. On y dépose aussi des ex-voto pour remercier la déesse quand son charme a fonctionné et a chassé la maladie.

Certaines femmes accèdent aux hautes fonctions religieuses, d'autres deviennent sages-femmes, médecins ou parfumeuses, partageant les charges d'un commerce avec leur époux, comme cette pharmacienne qui vend plantes et poudres.

Les Celtes apprécient les eaux thermales ; il n'est pas rare que malades ou vieillards s'immergent dans des fontaines pour calmer leurs douleurs.

L'éducation des jeunes Gaulois est confiée au druide. Au pied d'un arbre sacré, ce prêtre enseigne la médecine en s'aidant de planches anatomiques.

Ce médecin tente une délicate opération de l'œil, la cataracte. Il utilise de très fins instruments métalliques. Il a eu soin auparavant de préparer des pâtes adoucissantes et des onguents à base d'herbes et d'œufs dans un petit mortier.

À la gloire des morts

Chez les Gaulois, l'âme, qui habite le corps humain, accède à un autre monde au décès de l'individu et peut se réincarner ensuite dans un animal, un végétal ou un minéral. Ainsi les vivants et les morts sont intimement liés.

La sépulture celte est la plupart du temps une tombe creusée dans le sol et recouverte par un tumulus. Cette petite montagne artificielle est constituée d'un amas de terre ou de pierres.
Le guerrier celte va au combat avec ses armes, monté sur un char léger. Aussi, à sa mort, il n'est pas question qu'il parte pour l'Au-delà sans emporter avec lui tous les objets liés à sa fonction pendant son séjour terrestre. Il est enterré avec son épée, sa lance et son javelot. Son char, lui aussi, est placé dans la sépulture. Des vases remplis de nourriture, des coupes pleines d'hydromel, de bière ou de vin l'accompagnent. Parfois, ses serviteurs le suivent dans la mort ainsi que son cheval favori, son chien de chasse, ses esclaves et quelquefois même sa compagne. Lorsque l'artisan décède, il est accompagné de ses outils, et sa femme de ses parures et d'un miroir. Toujours revêtus de leurs plus beaux atours, les défunts emportent avec eux leurs plus précieuses fibules (des broches), chefs-d'œuvre d'orfèvrerie.
Les vivants portent une grande attention aux morts pour que ceux-ci puissent accomplir un confortable voyage dans l'Au-delà, mais aussi pour s'attirer les bontés des dieux et, qui sait, celles de l'âme de celui qui repose en terre.

Sous le tumulus, la chambre funéraire est formée de puissants troncs de chênes. Le char processionnel est démonté, les 4 roues adossées au mur. Le défunt porte une couronne, un collier et des ornements de ceinture en or.

À l'aube de notre ère, dans certaines provinces, on n'enterre plus les morts, mais on les incinère. Les cendres sont ensuite déposées dans des urnes ou directement en pleine terre.

Après avoir disposé vases et offrandes autour du guerrier mort, ses compagnons le recouvrent d'un long bouclier qui le protégera dans l'Au-delà.

La passion des armes

Les Celtes ont une réputation de farouches guerriers auprès de leurs voisins, qui ont à souffrir régulièrement de leurs raids. Ce triste renom est également dû aux incessantes luttes intestines qui éclatent entre tribus quand elles se disputent des territoires.

Sur le champ de bataille, quand 2 troupes se font face, chacun tente d'impressionner son adversaire en brandissant son épée et en levant sa lance avant le choc terrible des armes, pendant lequel les plus forts ou les plus audacieux enfonceront les lignes ennemies.
Quand l'affrontement commence, les hommes chargent au pas de course, en rangs serrés. Des bruits effrayants s'élèvent bientôt de la mêlée. Bien que les guerriers combattent à pied, ils utilisent un char à 2 roues, avec un conducteur, pour pouvoir poursuivre l'ennemi en déroute... ou pour s'enfuir au grand galop !
Les épées sont les armes préférées des Celtes. La lame de fer est soigneusement travaillée dans le sens de la longueur. De chaque côté, on soude de petits éléments en fer doux pour obtenir 2 tranchants faciles à aiguiser. Le **fourreau** est aussi en fer, doublé par une mince tôle de bronze **ajourée**, agrafée par des rivets.
Les guerriers portent généralement un casque conique, souvent surmontés de **cimiers**, de **panaches**, de figures d'animaux fantastiques et hideux ou de cornes.

L'équipement du guerrier gaulois se compose d'une épée longue, d'un coutelas, d'une lance, d'une hache et d'un bouclier admirablement travaillé.

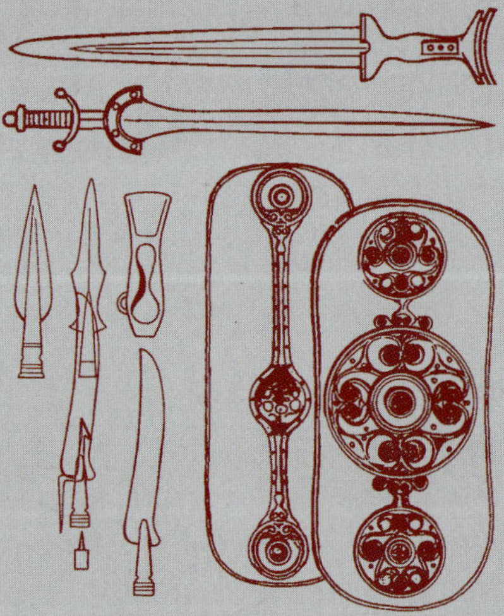

Peu disciplinée, la troupe gauloise se déplace précédée d'enseignes en forme de bêtes sauvages qui symbolisent les différents clans.

Au cœur de la mêlée, un guerrier saute de son char pour se lancer à corps perdu dans le combat, sans prendre garde à l'adversaire qui le vise avec sa fronde.

Après chaque combat, le forgeron remet en état les armes ébréchées. Il les porte au rouge, les martèle puis les trempe dans l'eau pour les durcir.

À la tête de ses hommes, le chef celte est encadré de 2 soldats qui portent des « carnyx », des trompes en forme d'animal.

Places fortes et enceintes

L'insécurité permanente règne sur le sol gaulois et contraint les populations des grosses bourgades à se retrancher derrière des enceintes fortifiées, combinant murs solides et profonds fossés. On appelle ces places fortes des oppidums.

Excellents techniciens, les Gaulois ne fortifient pas leurs cités au hasard. La place forte est érigée en général sur un site facile à défendre, fréquemment au sommet d'une colline. Mais ce qui distingue réellement l'oppidum des autres forteresses tient à la qualité de son rempart et à la façon de le construire. Dans les pays celtes, ces murs de protection sont très divers, aussi bien par leur importance que par leur structure. En Europe de l'Est, le système défensif comprend un fossé de terre extérieur, puis un mur complexe constitué d'un socle en pierres surmonté d'un appareil en briques. En Europe de l'Ouest, les remparts sont souvent en terre. Ils fortifient des **promontoires** avec un fossé et une levée de terre abrupte. Une palissade de **madriers** complète la défense. Mais le vrai mur défensif, fruit d'une expérience éprouvée, construit par les paysans, les bûcherons et les forestiers, est le *murus gallicus*. Il combine habilement la pierre, la terre et le bois. Le *murus gallicus* est constitué de poutres horizontales reliées entre elles par des traverses, et complété d'un **parement** de pierre et de terre qui bouche les intervalles entre les madriers. Ce montage rend la construction insensible aussi bien au feu qu'au choc d'un **bélier**.

Les hommes renforcent encore la pente de la butte sur laquelle est construite la place forte : ils édifient un rempart en terre doublé d'un fossé dans lequel sont enfoncés des pieux acérés.

Pour débiter les blocs de pierre, les Celtes y creusent des trous alignés. Ils y introduisent ensuite des morceaux de bois qui, une fois arrosés, se dilatent et provoquent l'éclatement du rocher.

Depuis la carrière voisine, des traîneaux de bois chargés de gros blocs de pierre sont halés sur un chemin de rondins.

Les grandes expéditions militaires

Au IVe s. av. J.-C., une partie des tribus gauloises mettent fin pour un temps à leurs incessantes querelles et forment deux armées qui, prenant la direction du sud et de l'est, partent à la conquête de nouveaux territoires.

Les Gaulois qui descendent vers le Sud s'établissent d'abord en Italie du Nord. Sur ces riches terres à blé, les nouveaux venus se heurtent à l'Empire étrusque qui occupe cette région depuis 2 siècles. Mais ce dernier ne peut rien contre l'ardeur des envahisseurs qui s'emparent rapidement des cités de Melpum et Felsina et les rebâtissent sous les noms de Mediolanum (Milan) et de Boniona (Bologne). Quand ils assiègent Chiusi, la capitale, les Étrusques appellent à l'aide leurs voisins romains. Les Gaulois descendent alors sur Rome qu'ils assiègent et pillent. Quant aux Celtes qui sont partis vers l'est, ils rencontrent le Danube. Certaines tribus s'établissent alors de part et d'autre du fleuve comme les Boïens qui donnent leur nom à la Bohême, mais d'autres descendent vers les Carpates et fondent la Galicie. Un détachement de l'armée avance encore plus au sud, franchit les Thermopyles et pille le **sanctuaire** de Delphes. Au même moment, 20 000 Gaulois franchissent l'Hellespont et le Bosphore, puis s'installent en Asie Mineure. Ils y fondent le royaume des Galates qui marque le point extrême des conquêtes orientales celtes.

Pour atteindre les rivages de l'Asie Mineure, les Gaulois franchissent le Bosphore avec armes et bagages sur des radeaux construits sur place.

En 390 av. J.-C., les Celtes bousculent les armées romaines et s'emparent de Rome. Seul le Capitole, fortifié, échappe au pillage.

Pour se débarrasser des envahisseurs, les Romains achètent leur départ. Brennus, le chef gaulois, exige encore plus d'or et jette son épée sur le plateau de la balance en déclarant, selon la légende : « Malheur aux vaincus ».

La guerre des Gaules

Depuis 58 av. J.-C., les légions romaines ont entrepris la conquête de la Gaule. Leur progression se heurte à une farouche résistance qui s'amplifie encore en 52 av. J.-C., quand un jeune chef arverne, Vercingétorix, provoque un soulèvement général des tribus.

Vercingétorix pratique la politique de la « terre brûlée ». Il détruit les approvisionnements, incendie les villes et les villages pour affamer les légions de César. Malgré la réussite de cette tactique, Avaricum (Bourges) décide de faire face à l'envahisseur. Après un siège héroïque, la « plus belle ville de Gaule » tombe aux mains des Romains, qui pillent et massacrent sans retenue. La cité de Gergovie, elle, résiste admirablement. Son oppidum occupe le sommet d'une montagne et les envahisseurs ne peuvent isoler la ville efficacement. César doit abandonner le siège. Tandis que les légions romaines battent en retraite, les troupes de Vercingétorix les harcèlent sans relâche. La victoire semble si proche que les Gaulois font preuve d'imprudence. Il suffit d'une habile manœuvre des légions et de l'intervention inopinée de la cavalerie germaine aux ordres de César pour déclencher la panique dans les armées celtes. Vercingétorix doit alors s'enfermer avec ses hommes dans la place forte d'Alésia. Isolés du monde extérieur, affamés et finalement persuadés de ne plus pouvoir recevoir de renforts, les Gaulois capitulent. Cette défaite scelle le sort du pays : pendant plus de 4 siècles, les populations subiront l'occupation romaine.

Les fortifications romaines sont constituées d'un fossé et d'un talus de terre, renforcé par des poutres et un parement de pierre qui peut atteindre 10 m de haut.

Quand ils assiègent une ville, les Romains commencent par construire des défenses tout autour pour couper toute retraite à leurs adversaires.

En plus des remparts, César a fait creuser autour d'Alésia 5 fossés dont le fond est hérissé de branches taillées en pointes et attachées entre elles.

Quand l'armée de secours gauloise arrive enfin au pied d'Alésia, elle attaque et échoue dans toute ses tentatives pour délivrer les assiégés. Les fortifications et la technique militaire des Romains ont raison de la fougue des cavaliers.

Vercingétorix

« Car il ralliera par ses efforts, à la cause commune, les peuples qui se tiennent encore à l'écart ; de la Gaule tout entière il fera un seul et même faisceau de volontés et quand elle sera unie, le monde entier ne pourra lui résister. »

Jules César.

Vercingétorix

Un siècle av. J.-C., la Gaule comptait environ 15 millions d'habitants. Les Gaulois, nos lointains ancêtres, étaient divisés en une centaine de tribus indépendantes.

L'équipement traditionnel du guerrier gaulois se compose d'un bouclier, d'une lourde épée et d'un casque en fer.

Les plus puissantes étaient les Bituriges, les Carnutes, les Éduens, et surtout, les Arvernes. Le Sud de la Gaule était occupé par les Romains qui en avaient fait une province. Les tribus gauloises étaient jalouses les unes des autres. Le pays n'avait aucune unité politique.

Cette division profonde de la Gaule explique la facilité relative avec laquelle s'est faite la conquête romaine. Chaque tribu était dominée par quelques nobles appartenant à de riches familles. Fréquentes, les guerres gauloises étaient impitoyables.

À l'intérieur des clans gaulois, régnait la division. Les familles nobles avaient souvent recours à la force pour arbitrer leurs conflits, aussi cherchaient-elles à s'entourer d'hommes fidèles, armés, nourris et payés par eux. La puissance de ces familles dépendait du nombre de mercenaires et de clients qu'elles s'attachaient par leurs largesses. Les paysans, accablés de dettes, et les artisans étaient toujours prêts à suivre, dans les jours de conflit, celui qui se montrait le plus généreux.

Celtill, le chef des Arvernes, qui voulait devenir roi, fut ainsi renversé par une émeute provoquée peut-être par son frère Gobannitio ; il fut condamné à périr sur le bûcher.

Son fils, Vercingétorix, qui ne devait pas encore avoir dix ans, fut épargné, mais surveillé de près par son oncle. Son éducation fut confiée aux druides. Ces grands prêtres, à l'autorité irréfutée, transmettaient leurs connaissances aux jeunes nobles dans les forêts ou les cavernes par la parole seulement, puisque l'écriture était interdite. C'est grâce à eux que Vercingétorix apprit l'art de l'éloquence, ce qui semble avoir été une des principales raisons de sa réussite. Ce sont eux aussi qui, des années plus tard, le désigneront en secret comme le meneur des armées insurgées.

Un druide instruit Vercingétorix.

Au sud de la Gaule, il y a l'Italie : plusieurs hommes se disputaient alors le pouvoir à Rome : Crassus, Pompée et César. Pour triompher, et se placer à la tête de la République romaine, il fallait à César deux choses : la gloire militaire et de l'argent, car il était couvert de dettes. Avec ses riches terres à blé et ses divisions internes, la Gaule semblait une proie facile. Depuis l'invasion des Cimbres et des Teutons, vers 110 av. J.-C., les Gaulois vivaient dans la terreur des peuples germaniques venus d'outre-Rhin. Vers 60 av. J.-C., Arioviste, un chef germanique, cherchait à renouveler les exploits des Cimbres et des Teutons. En 58 av. J.-C., les Helvètes, repoussés par les Germains d'Arioviste, décident de gagner l'ouest de la Gaule.

Sous prétexte de protéger les Éduens, alliés de Rome qui ont appelé les Romains à l'aide, César pénètre en Gaule : il bat les Helvètes puis repousse Arioviste au-delà du Rhin.

César s'attache ainsi la reconnaissance de la noblesse gauloise qui l'accueille en libérateur et accepte de servir dans l'armée romaine, avec les cavaliers non romains qui forment la cavalerie auxiliaire. Vercingétorix lui-même va servir dans l'armée de César comme officier de cavalerie, s'initiant ainsi aux méthodes de guerre de l'armée romaine. En six ans, César impose son joug à l'ensemble de la Gaule en battant les Belges et les Vénètes.

César croyait probablement les Gaulois plus affaiblis par leurs divisions qu'ils ne l'étaient en réalité. Au bout de six ans de présence, César apparaît maintenant comme un conquérant tyrannique et cupide.
La révolte gronde. Dans l'hiver de l'année 52 av. J.-C., Vercingétorix, âgé de vingt ans environ, enrôle une armée de mécontents et entre dans l'oppidum de Gergovie où ses partisans le proclament roi des Arvernes. Il envoie alors des ambassadeurs auprès des diverses cités gauloises pour les inciter à se révolter contre Rome. Vercingétorix communique son enthousiasme à tous ceux qui l'écoutent : « Ne vaut-il pas mieux mourir en combattant, leur dit-il, que de ne pas retrouver la liberté que nos ancêtres nous ont léguée ? »
Ce sont les Carnutes qui donnent le signal de la révolte. Ils massacrent des marchands romains à Cenabum (Orléans). Dix heures après, grâce à un système de signaux par feux, transmis à travers la campagne, la nouvelle parvient aux pays des Arvernes, à 240 kilomètres d'Orléans. Plusieurs tribus et tous les peuples proches de l'océan Atlantique se joignent à eux.
Mais l'ensemble des tribus révoltées ne représente alors que la moitié de la Gaule. À l'unanimité, Vercingétorix est élu leur chef suprême.

À l'annonce du soulèvement, César franchit en plein hiver les montagnes des Cévennes couvertes de neige et envahit le pays des Arvernes qu'il met à sac. Puis il met le siège devant Cenabum ; il prend la ville et réduit sa population en esclavage. Les premières rencontres entre la cavalerie gauloise et l'infanterie romaine démontrent aux Gaulois le danger d'affronter les légions de César en bataille rangée. Vercingétorix adopte alors une nouvelle tactique ; il organise la résistance sur des

(page de droite) Vercingétorix encourage les Gaulois à combattre les Romains.

Chef gaulois avant la conquête romaine.

oppida imprenables et coupe les vivres aux Romains en brûlant les villages, les fermes et les greniers pour les contraindre à de longues marches harassantes. « Tout cela vous paraît de trop durs sacrifices, dit-il aux chefs, mais ce sont des douleurs tout autrement terribles de voir vos femmes et vos enfants réservés à l'esclavage et vous-même à la mort. »
Avaricum, la riche capitale des Bituriges, est épargnée malgré son avis. Après 27 jours de siège, César s'en empare et fait égorger ses 40 000 défenseurs. Il décide alors d'attaquer Vercingétorix le plus vite possible et de porter la guerre en pays arverne pour prendre la capitale des rebelles, Gergovie.

Gergovie est construite sur une hauteur difficile à escalader. De plus, Vercingétorix a disposé ses troupes sur tous les sommets qui entourent la ville. Tous les jours, la cavalerie gauloise attaque les détachements de l'armée romaine chargés d'assurer le ravitaillement en vivres et en fourrage. Ne pouvant abandonner un siège commencé et reconnaître ainsi sa défaite, il ne reste à César qu'une solution : attaquer Gergovie par surprise. Or, justement, César a remarqué que, à l'heure de la sieste, un secteur du mur d'enceinte est peu protégé par les Nitiobriges. Vers midi, les troupes romaines franchissent donc, en silence, les 1 800 mètres qui le séparent du mur d'enceinte. Mais Teutomate ne se laisse pas surprendre par la ruse du camp adverse et avertit Vercingétorix qui lance ses hommes contre les assaillants et sème la panique parmi eux. 700 soldats et 46 centurions romains sont tués. Refusant sa défaite, César dispose ses légions en ordre de bataille face à Vercingétorix qui ne bouge pas. Victorieux, le chef gaulois rallie les indécis. Les Éduens, alliés de Rome, rejoignent aussi le camp des révoltés.

Devant la menace que représente le ralliement des puissants Éduens à la coalition des Gaulois, César décide alors de rejoindre à marche forcée les quatre légions de son lieutenant Labienus, qui se trouvait plus au nord, dans la région de Sens. En marchant jour et nuit, il parvient à franchir la Loire en crue avant l'arrivée de l'armée gauloise. Ayant rejoint Labienus dans la région de Langres et recruté en secret des cavaliers germaniques, César décide de faire retraite vers la Provincia romaine et donc de quitter la Gaule. Son armée descend la vallée de la Saône.

Vercingétorix, peut-être trop confiant, renonce alors à sa tactique de guérilla. Il veut surprendre l'armée romaine en colonnes de route, c'est-à-dire étirée sur plusieurs kilomètres et encombrée par ses bagages. Il l'attaque en rase campagne. Le plan semble réussir. L'avant-garde cède, mais la cavalerie germanique, dont Vercingétorix ne soupçonnait pas l'existence, vient à la rescousse des légionnaires et met les Gaulois en déroute. Vercingétorix se réfugie alors à Alésia, un oppidum réputé imprenable, dans lequel il avait fait entreposer des provisions suffisantes pour tenir un siège de trente jours.

Cavalier gaulois après l'invasion romaine.

Arrivé devant la place, César se rend compte que la colline d'Alésia met Vercingétorix à l'abri de toute attaque. Il fait alors construire une double ceinture de fortifications en terre et en bois pour priver les Gaulois assiégés de toute communication avec le reste du pays et creuser des chausse-trappes et des pièges pour protéger ses légions contre l'armée de secours qu'a appelée Vercingétorix. Celui-ci sait maintenant que César n'abandonnera pas et qu'il n'évacuera pas la Gaule comme on pouvait le croire encore au début de l'année.

Dans Alésia, les provisions s'épuisent, l'eau vient à manquer. Critognatos, un chef arverne, propose alors de sacrifier les plus âgés et les plus faibles pour que les autres puissent s'en nourrir ! Avant d'en arriver à cette extrémité, les chefs décident d'expulser de l'oppidum la tribu des Mandubiens, qui s'y était réfugiée, avec femmes et enfants. Repoussés par les Romains, les malheureux meurent de faim entre leurs compatriotes et leurs ennemis. Fin août, les cavaliers de l'armée de secours arrivent enfin, commandés par Vercassivellaunus, un cousin de Vercingétorix. L'armée est immense : 250 000 hommes, qui peu à peu, prennent position dans la plaine, au-delà de la double ligne

Devant Alésia, César fait construire une double ceinture de fortifications en terre et en bois ainsi que des chausse-trappes.

de fortifications. La Gaule entière, ou presque, s'est rassemblée. Si César est vaincu, pas un seul Romain n'échappera à la mort. S'il est vainqueur, c'est toute la Gaule que le chef romain aura soumise !

Le dernier acte de la tragédie va durer plus d'une semaine : trois journées de combat séparées chacune par un jour de repos. Imprudente, l'armée de secours se jette contre les fortifications romaines. Elle est repoussée par deux fois avec de lourdes pertes. Un dernier assaut est lancé en même temps par Vercassivellaunus et par Vercingétorix. Les Romains, un moment en danger, sont sauvés par la cavalerie germanique. Dans la nuit, l'armée de secours se retire. C'en est fini de la bataille. Vercingétorix a perdu.

Le lendemain, il réunit une dernière fois le conseil des chefs qui acceptent la reddition. Ils envoient aussitôt une députation à César, qui exige que toutes les armes lui soient remises et qu'on lui livre vivant Vercingétorix. La cérémonie a lieu le jour même. Devant le camp romain, à l'intérieur des remparts, une estrade a été dressée. César, revêtu du manteau de pourpre, s'y tient assis. Au son des trompettes, une trentaine de cavaliers apparaissent, encadrant le jeune chef arverne. Ils mettent pied à terre, se laissent désarmer et avancent au bas de l'estrade. Des soldats romains s'approchent et lient les bras de Vercingétorix.

Celui-ci demande à César d'épargner son peuple. Mais son vainqueur se montre implacable. Il l'envoie dans un sombre cachot, à Rome. Les autres prisonniers sont réduits en esclavage : chaque soldat de l'armée romaine reçoit ainsi un esclave en butin.

Après la chute d'Alésia, la résistance des Gaulois est brisée. César reste un an en Gaule pour achever la conquête du pays. Il fait encore preuve d'une grande cruauté. Puis il veut s'imposer comme le maître de la République. Il élimine ses rivaux, et s'empare des principales provinces romaines. De retour à Rome, en l'an 46, il fait célébrer son triomphe sur les Gaulois. Vercingétorix est sorti de son cachot où il croupissait depuis six ans, pour figurer en bonne place dans le cortège accompagnant le triomphateur jusqu'au Capitole. La cérémonie terminée, César donne l'ordre d'égorger le jeune chef de la rébellion gauloise.

Vercingétorix dépose les armes devant César.

A

Ajouré : décor obtenu en découpant des ouvertures.

Ambre : résine fossile translucide provenant de conifères qui existaient à l'ère tertiaire.

Araire : charrue primitive dépourvue de roues.

Aurochs : ancêtre aujourd'hui disparu du bœuf domestique.

B

Bandage : bande de métal qui entoure une roue.

Bélier : machine de guerre servant à enfoncer les portes des cités assiégées.

Boutoir : extrémité du groin d'un sanglier d'où dépassent les canines dont cet animal se sert pour retourner la terre et pour chercher des racines.

C

Charpente : ossature en bois d'une maison ou d'une autre construction.

Chevron : pièce en bois qui soutient les lattes sur lesquelles on pose la toiture d'une maison.

Cimier : ornement situé sur la partie supérieure d'un casque.

Clayonnage : assemblage de branches et de pieux en bois qui supporte un talus en terre.

Creuset : récipient servant à faire fondre les minerais.

D

Défrichement : action consistant à abattre les arbres d'une forêt ou à détruire la flore sauvage pour rendre le terrain propre à la culture de plantes domestiques.

Déprédation : destruction, saccage et pillage.

Douve : planche longue et courbée, aux côtés biseautés, servant à la fabrication des tonneaux.

E

Équarrir : tailler une pierre ou un bloc de bois à angles droits.

Essieu : longue pièce en bois reliant les 2 roues d'un chariot.

Ex-voto : objet offert à une divinité pour la remercier de la grâce obtenue.

F

Faîne : fruit du hêtre.

Fer de lance : pointe métallique emmanchée sur le manche de la lance.

Flottage : moyen simple de transporter des troncs d'arbres d'un lieu à un autre en les faisant flotter sur un cours d'eau.

Foëne : sorte de fourche, munie le plus souvent de 3 dents, utilisée pour harponner les poissons.

Fondrière : affaissement de terrain dû à des infiltrations d'eau.

Foulon : artisan qui foule aux pieds un tissu pour resserrer les fibres de la laine entre elles.

Fourreau : sorte de gaine portée à la ceinture, dans laquelle les guerriers rangent leur épée.

Futaille : tonneau utilisé pour le vin, l'huile, les alcools.

G

Gouge : ciseau à bois à tranchant courbe.

Graminées : premières plantes domestiquées par l'homme ; l'avoine, l'orge, le blé, le riz...

H

Harnais : pièce en cuir faisant partie de l'équipement nécessaire pour utiliser la force motrice d'un animal.

Herminette : outil à tranchant recourbé destiné au travail du bois.

Houe : pioche servant à retourner la terre.

M

Madrier : grosse poutre en bois.

Matrice : moule qui permet de reproduire une forme en relief.

Meule : disque en pierre servant à aiguiser et polir des outils, ou cylindre plat utilisé pour moudre le grain.

Meule (à charbon) : tas de bois recouvert de terre et de feuilles permettant une combustion lente pour la fabrication du charbon de bois.

N

Négoce : commerce.

Néolithique : période de l'histoire qui se situe environ entre 8000 av. J.-C. et 3200 av. J.-C. Le mot Néolithique signifie « nouvel âge de la pierre ».

Notable : personnage important d'une communauté humaine comme un village ou une ville.

O

Outre : peau d'animal cousue pour servir de récipient.

P

Panache : ornement en plumes.

Parement : revêtement extérieur d'un mur.

Promontoire : relief ou cap élevé s'avançant dans la mer.

R

Rondin : morceau de bois à section circulaire.

Rouvre : espèce de chêne de petite taille.

S

Saindoux : graisse de porc.

Sanctuaire : lieu ou édifice réservé à des cérémonies religieuses.

Soc : pièce en forme de triangle d'une charrue qui pénètre dans la terre et la retourne.

Suint : matière grasse de la peau imprégnant la laine du mouton.

T

Tonne : grand tonneau.

Le monde celtique

entre le VIe et le IIIe siècle av. J.-C.

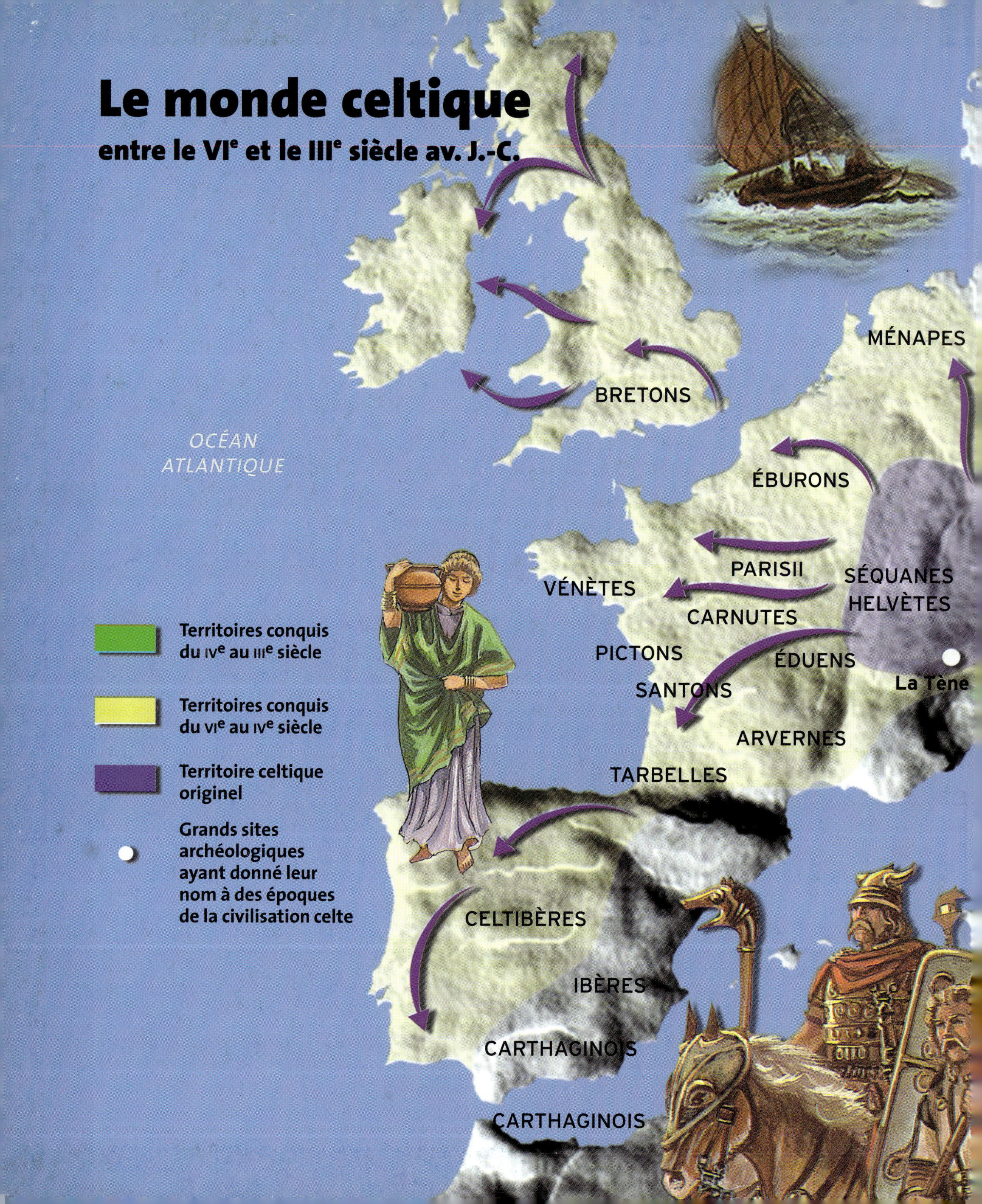